L'AFFAIRE DU DUC D'ENGHIEN

Une machination contre Napoléon.

Dans la nuit du 20 au 21 mars 1804, le duc d'Enghien tombait sous les balles d'un peloton d'exécution dans les fossés du château de Vincennes.

Une abondante littérature à prétention historique, mais seulement grossièrement orientée, présente l'événement comme l'exécution sommaire d'un prince du sang par le Premier Consul Bonaparte pour parvenir à la dictature suprême de l'Empire.

Cet essai sans fard se propose de faire litière de cette gravissime accusation entachant la moralité de Napoléon.

A l'origine de cette sombre affaire se trouve la conjuration Cadoudal-Moreau-Pichegru.

LA CONJURATION CADOUDAL-MOREAU-PICHEGRU.

Décimés par la police et la justice après l'atroce attentat manqué contre Napoléon de la rue Saint-Nicaise du 24 décembre 1800, les implacables ennemis du régime vont mettre dix-huit mois pour préparer leur dernière tentative criminelle.

Cette fois-ci l'entreprise est directement instrumentalisée par l'Angleterre. Si les armes n'ont pas encore parlé en ce début d'année 1804, la paix d'Amiens a vécu. Les préparatifs d'invasion de l'Angleterre avancent activement comme le constate le Premier Consul dans sa dernière inspection au Camp de Boulogne, début janvier 1804. Malgré la supériorité maritime évidente de la Grande-Bretagne, son génie militaire éprouvé n'en fait pas moins trembler le Cabinet de Londres. Il n'est plus très sûr de pouvoir empêcher un débarquement de l'armée française sur ses côtes. Elle ne ferait plus alors qu'une bouchée de l'armée britannique. L'enjeu est donc capital pour le Premier Ministre de Sa Majesté, le haineux Pitt.

Le moyen le plus radical d'éloigner la menace est l'élimination physique de Bonaparte. Pitt monte une conjuration royaliste de grande envergure. Les princes français exilés n'éprouvent aucun état d'âme à être ainsi manipulés contre leur pays par son ennemi le plus implacable. L'enjeu étant capital, l'Angleterre ne lésine pas sur la dépense. Elle accueille et pensionne tout ennemi du régime. Les royalistes sont particulièrement choyés. On y remarque, entre autres, le comte d'Artois, le duc de Berry, Armand et Jules de Polignac. On permet au comte d'Artois et aux généraux transfuges Dumouriez et Pichegru de passer les troupes anglaises en revue. Le chouan Georges Cadoudal constitue une recrue de choix, après l'échec de l'attentat de la rue Saint-Nicaise, dont il a été l'instigateur. Le ministre britannique Wyndham le décrit ainsi : « *Monsieur de Cadoudal possède cette aisance et cette assurance naturelle qui sont la marque d'un esprit supérieur. De tous ceux que j'ai vu engagés dans les affaires royalistes, c'est lui qui me donne le plus la sensation qu'il est né pour devenir grand* ».

Il sera donc le maître d'œuvre du complot. L'or anglais ne lui sera pas mesuré, pour payer les espions, recruter des hommes de main, et organiser toute une filière logistique.

Le premier indice de la conjuration date de l'été 1802. Le chef de la police politique Desmarets capture à Calais l'abbé David qui avoue assurer la liaison entre Pichegru en Angleterre et Moreau à Paris. Il est décidé de le relâcher et de le faire suivre. Une piste entre autres. A la fin de 1803, Desmarets met la main sur deux hommes de Cadoudal, Querelle et Sol de Grisolle, arrêtés en même temps que trois autres Royalistes. Il attend beaucoup de leur interrogatoire. Le 13 janvier 1804, les choses se précisent. Le conseiller d'État Réal, en charge de la police, apprend l'arrivée à Paris de Pichegru, appelé par Cadoudal. Pensant s'épargner la peine capitale, Querelle déballe tout. Il confirme la présence de Pichegru et de Cadoudal. Ils se sont mis en relation avec Moreau. Cadoudal a débarqué le 20 août 1803 en Normandie, au pied des falaises de Biville. A partir de là fonctionne une filière par laquelle sont acheminés les moyens et les hommes de main destinés à l'attentat. La méthode a changé. La boucherie de la rue Saint-Nicaise s'est révélée dévastatrice pour l'image de marque des Royalistes. Cette fois-ci, on a choisi de tendre une embuscade sur le trajet Tuileries-Malmaison ou Saint-Cloud, avec un gros détachement armé jusqu'aux dents. L'ennemi est dans la place depuis cinq mois et la police, pourtant très active, ne l'a pas éventé. Le Premier Consul l'a échappé belle. Il doit sans doute la vie aux délais nécessaires à la préparation du coup de main.

Il importe désormais de mettre hors d'état de nuire le plus vite possible Pichegru, Cadoudal et leurs sbires. Une sorte d'état de siège est décrété dans Paris. Le 29 janvier, Real reçoit la charge de prendre en main toute l'affaire sous la direction judiciaire du Grand Juge Régnier. Murat, nommé gouverneur militaire de Paris le 15 janvier, et Savary, commandant de la gendarmerie d'élite, doivent lui apporter tout leur concours.

La situation évolue vite. Réal opère deux arrestations importantes : celle de Picot, un domestique de Cadoudal, et surtout celle de Bouvet de Lozier, ancien adjudant général de l'armée des Princes, et aujourd'hui bras droit de Cadoudal. Moitié par peur, moitié par animosité envers ses commanditaires, Lozier avoue tout. Il confirme les révélations de Querelle. Il précise les relations Cadoudal-Pichegru-Moreau qui n'ont pu s'entendre. L'ambitieux Moreau consentait à renverser le régime, mais à son seul profit et non pour un Bourbon. Le sanguin Cadoudal l'a très mal pris et lui a lancé *« qu'il préférait encore Bonaparte à lui ! »*. C'est dire en quel mépris il le tenait. Cadoudal poursuit donc seul son projet. Mais Pichegru et Moreau, parfaitement au courant, sont complices tacites.

Si Pichegru est pour l'heure introuvable, il n'en n'est pas de même de Moreau, qui vit normalement dans son domaine de Grosbois. Son arrestation est décidée le 14 février en Conseil Secret, où siègent aux côtés du Premier Consul les deux autres Consuls Cambacérès et Lebrun, le Grand Juge Régnier et Fouché. On décide la traduction de Moreau devant un tribunal civil et non un Conseil de Guerre.

Il refuse un arrangement qu'on lui propose par souci d'apaisement. Il lui suffirait de reconnaître qu'il a rencontré Pichegru, pour obtenir son impunité.

Les polices de Réal et Desmarets travaillent vite et bien. Dans la nuit du 26 au 27 février 1804, il est procédé à l'arrestation mouvementée de Pichegru, d'Armand et Jules de Polignac, de Ribière et quelques comparses. Leurs aveux apportent un élément nouveau et capital : un « *prince* », inconnu d'eux, figure dans la conjuration. Il est chargé de rallier le pays après la mort de Napoléon Bonaparte.

Tout le scénario de l'affaire est à présent connu : Cadoudal procède à l'assassinat. Pichegru et Moreau rallient l'armée. Le mystérieux prince survient et, avec le concours des précédents, rétablit la monarchie. Ce plan est sommaire et utopique, à l'image de ses auteurs, mais il importe de le démanteler au plus vite dans l'intérêt supérieur de la France.

Il reste à recouper les informations recueillies, arrêter Cadoudal et identifier le « *Prince* ». L'arrestation du major Rusillon confirme la présence de Cadoudal à Paris, ainsi que la relation Cadoudal-Pichegru-Moreau. Dans un rapport secret, le nom du duc d'Enghien retient particulièrement l'attention des services de police. Il réside à Ettenheim, en pays de Bade, très près de la frontière française. Il entretient des relations actives avec les Royalistes et les émigrés d'Alsace. Ce prince de sang, cousin de Louis XVIII, un Bourbon, a pris les armes contre la France comme général dans l'armée des Princes et dans les armées ennemies. Son grand-père, le prince de Condé, est à l'origine de la trahison de Pichegru, alors qu'il servait dans l'armée du Rhin sous

Moreau, dont le duc d'Enghien a vanté les mérites. Il est vraisemblable que le duc est le « *jeune prince* » attendu. Il faut s'en assurer par une enquête de gendarmerie sur place, confiée au général Moncey. Ainsi commence l'affaire. Elle aboutit à l'exécution, dans la nuit du 20 au 21 mars 1804, dans les fossés du château de Vincennes, de Louis Antoine Henri de Bourbon, duc d'Enghien. Il est le petit fils du prince de Condé. Quelques instants auparavant, une commission militaire l'a condamné à mort pour intelligence avec l'ennemi, haute trahison et complicité de complot.

Dans son ensemble, la littérature historique présente ce douloureux événement comme une tache sanglante sur l'image de Napoléon Bonaparte. Une pensée unique historiquement correcte s'est imposée. Mais, pour peu que l'on se penche sur les circonstances avec un minimum d'objectivité, force est de constater que Napoléon y est victime d'une grave diffamation et l'Histoire d'une grossière falsification. Nous emprunterons un cheminement judiciaire pour faire toute la lumière sur cette affaire. Nous sommons Napoléon Bonaparte à comparaître devant le Tribunal de l'Histoire. Après la lecture de l'acte d'accusation, nous procéderons au témoignage rigoureux des faits pour en faire jaillir la vérité.

Accusé Napoléon levez-vous !

Dans tout procès, cette invite au prévenu précède la lecture de l'acte d'accusation. Celui-ci se fonde essentiellement sur quatre présomptions d'irrégularités de l'affaire que nous allons passer au crible :

- L'enlèvement du duc d'Enghien hors du territoire national.

- L'instruction du procès et la condamnation à mort en quelques heures.

- L'exécution immédiate du condamné dans d'odieuses conditions.

- La protection de Napoléon du coupable de cet impardonnable abus de pouvoir.

Le caractère expéditif du procès incline naturellement à penser qu'il s'agit d'une criminelle parodie de justice. Indéniablement, les apparences plaident contre l'accusé. Constamment à l'affût de sa moindre erreur, les innombrables contempteurs de Napoléon se sont rués tête baissée sur cette aubaine comme sur un chiffon rouge. Un procès en cachant un autre, ils lui ont substitué un procès d'intention contre Napoléon que Staline lui-même n'aurait pas renié. Même des historiens sérieux se sont laissés prendre à ce miroir aux alouettes, grossissant l'affaire à souhait pour lui conférer un retentissement qu'elle n'a pas connu de son temps. Les plus haineux accusent Napoléon de « *crime* », « *d'assassinat* » ou de « *meurtre* ». Les moins virulents emploient le terme « *d'exécution sommaire* » digne du goulag.

Il serait fastidieux de dresser la longue liste de ces émules de Saint-Just. L'un d'entre eux, pourtant historien de renom, formule la quintessence de l'acte d'accusation. Dans son " *Histoire de France*", Jacques Bainville écrit en effet : « *C'est à l'équivalent d'un régicide que recourt à son tour Napoléon pour donner à son trône un sanglant baptême*

De nombreux auteurs mettent en cause la procédure : enquête préliminaire bâclée, violation d'une frontière au mépris du droit international, juridiction d'exception, procès inique expédié à toute vitesse, exécution sommaire de la sentence. Nous allons faire litière de ces accusations dictées par la passion ou le parti pris.

A tout crime il faut un mobile. Sur ce sujet, il y a mésentente. Pour Bainville et quelques uns, le « *crime* » relève en quelque sorte de l'antique coutume païenne du sacrifice humain. Pour la plupart des autres, il procède de l'incoercible ambition de Napoléon, pressé d'accéder au trône impérial. Ces jugements à l'emporte pièce n'engagent que leurs auteurs à titre personnel. Il en va tout autrement pour les manuels d'histoire et les encyclopédies, chargés de dispenser à la jeunesse étudiante l'enseignement officiel. Voici à titre d'exemple, un florilège édifiant tiré de trois encyclopédies françaises parmi bien d'autres.

Pour la moins partisane, Encyclopédia Universalis, la soif de vengeance et la haine des Bourbons constituent le mobile de Napoléon : « *Mon sang vaut bien le leur. Je vais leur rendre la terreur qu'ils veulent m'inspirer* », l'a-t-on entendu s'exclamer !

Hachette prend toutes les libertés avec la réalité et ne fait pas dans la dentelle. « *Le duc vivait fort tranquillement à Ettenheim* », y lit-on. Il a été « *condamné à mort par un Conseil de Guerre (sic) réuni en dehors de toute légalité* ». C'est Napoléon qui a « *décidé l'exécution du duc d'Enghien(...) Il porte la honte d'une telle violation du droit des gens* ». Le complot Cadoudal, impliquant les généraux Moreau et Pichegru, était « *infiniment grave* » pour Napoléon parce que « *mettant en jeu la fidélité de l'armée, fondement réel du pouvoir de Bonaparte (...) Il fallait donc frapper un grand coup, faire peur, répandre le sang* ». Napoléon aurait choisi la solution de facilité et jeté son dévolu sur le duc d'Enghien parce qu'il « *était le seul Bourbon facile à arrêter* ». Pour permettre « *l'ascension du Premier Consul au trône impérial (...) la vie d'un homme pesait peu* ». On retrouve ici le thème récurrent de l'ambition exacerbée comme mobile.

L'encyclopédie Hérodote se surpasse quant à elle. Le duc « *n'a rien tenté contre la France révolutionnaire (sic) sauf émigrer dans le Grand Duché de Bade, un pays neutre* », affirme-elle de façon péremptoire que mensongère ! La conjuration Cadoudal visant ostensiblement à assassiner le Premier Consul et à renverser le régime ne serait qu'un « *prétexte, fourni par un plan d'insurrection transmis à la police par un agent double, Méhée de la Touche* ». Le mépris flagrant des faits avérés se poursuit : « *La Commission Militaire ne reconnaît le duc coupable que d'avoir comploté contre la sûreté de l'État, ce qui est faux, et d'avoir reçu de l'argent de l'Angleterre ce qui est vrai* » Tout de même ! En définitive, pour Hérodote il s'agit moins du complot de Cadoudal que du « *complot napoléonien* » (sic), visant à « *terroriser l'opposition royaliste une bonne fois pour toutes (...). Le meurtre aboutit au résultat escompté (...). Talleyrand a encouragé le Premier Consul à commettre ce crime, prélude à la dictature personnelle de Napoléon* ». De nouveau l'ambition sanguinaire comme mobile…

Il serait fastidieux de poursuivre plus avant l'instruction à charge. L'essentiel de l'acte d'accusation est dressé. Récapitulons :

1 – Sous le « *prétexte* » d'un complot menaçant sa vie et le régime, Napoléon s'est rendu coupable « *d'assassinat* » sur la personne du duc d'Enghien.

2 – Le mobile du crime est double :

- Vengeance personnelle contre les Bourbons.

- Ambition dévorante pour accéder plus rapidement au trône impérial.

3 – Le Droit a été bafoué :

- Violation d'une frontière.

- Simulacre d'un jugement.

- Exécution sommaire de la sentence.

Pour juger du fondement de ce réquisitoire sans concessions, nous allons le soumettre au verdict souverain des faits.

Le témoignage irréfragable des faits

Ce témoignage passe par l'analyse rigoureuse du déroulement de l'affaire qui doit nous permettre de donner une réponse claire à trois questions simples dictées par la logique :

- La situation du duc d'Enghien justifiait-elle son enlèvement outre-Rhin et sa traduction devant une cour martiale ?

- Son procès a-t-il été régulier et la sentence juste ?

- Son exécution précipitée a-t-elle respecté les règles du Droit ?

Nous répondrons OUI aux deux premières interrogations et NON à la troisième, mais sans que Napoléon n'en porte la responsabilité.

LÉGITIMITÉ DE L'ARRESTATION ET DE L'INCULPATION.

Comme nous l'avons vu, l'affaire du duc d'Enghien se greffe sur le complot Cadoudal-Moreau-Pichegru exposé plus haut. Était-il alors illégitime d'employer tous les moyens nécessaires pour mettre un terme à cette entreprise subversive, clairement terroriste, et faire subir à ses auteurs les rigueurs de la loi ?

Nous en sommes restés au moment où le nom du duc apparaît dans l'enquête. La police consulaire continue à travailler vite et bien. Dans la nuit du 26 au 27 février 1804, elle procède à l'arrestation très mouvementée de Pichegru, des frères Armand et Jules de Polignac, et de Ribière, personnages hauts placés du royalisme activiste. Quelques comparses de moindre importance font partie de la prise. Les aveux de ce beau monde confirment la participation à la conjuration d'un « *jeune prince* » soi-disant inconnu d'eux. Il doit « *rallier* » le pays après l'assassinat du Premier Consul, avec pour objectif une restauration royaliste. Les soupçons pesant sur le duc d'Enghien se renforcent donc. N'est-il pas jeune (32 ans) et de haute extraction ?

Le scénario du complot lui étant désormais connu, le Premier Consul prescrit au gouvernement de prendre toutes les dispositions qui s'imposent pour identifier le fameux « *jeune prince* ». L'enquête accable le duc d'Enghien. En exil dès 1789, il n'a cessé depuis de combattre la France les armes à la main, d'abord dans l'armée des émigrés commandée par son grand-père Condé, puis, après la piteuse dispersion de cette dernière, dans l'armée autrichienne. Il s'était notamment distingué dans l'affaire de Belheim, à l'attaque des lignes de Wissembourg, à la prise du village de Bertheim, à la défense du fort de Kehl, à Biberach contre Moreau. Il avait avec succès couvert la retraite de l'armée autrichienne. Il figure depuis longtemps sur la liste des traîtres à son pays. Depuis deux ans à Ettenheim, il partage son temps entre l'amour passionné qu'il voue à sa fiancée Charlotte de Rohan-Rochefort et surtout l'activisme débridé qu'il déploie dans le milieu agité des émigrés de la région d'Offenbourg. Les renseignements de police précisent qu'il lui arrive de se rendre à Strasbourg pour y débaucher des soldats. Il tenterait d'organiser une filière de désertion. Une autre information ajoute qu'il se serait rendu une fois en secret à Paris pour y rencontrer des personnalités non identifiées. Le moins que l'on puisse dire est que l'enquête ne s'oriente guère dans le sens d'une présomption d'innocence à son égard ! Pour peu qu'il tombe entre les mains de la justice, son sort ne souffre aucun doute. Il encourt déjà la peine capitale pour haute trahison, conformément aux lois en vigueur.

Peut-on alors de bonne foi reprocher à Bonaparte d'en avoir le cœur net ? Dans une réunion du cabinet, ses ministres unanimes l'exhortent à se montrer de la plus grande fermeté. Talleyrand et Fouché se montrent les plus déterminés à prôner une arrestation du duc. Nous comprendrons pourquoi plus loin. Il est demandé au général Moncey de poursuivre activement les investigations. Il dépêche sur place le maréchal des logis Lamothe, de la Gendarmerie Nationale. A l'issue de son enquête sur le terrain, Lamothe fait parvenir son rapport au Premier Consul le 10 mars. Entre temps, pour mémoire, Moreau écrit une lettre à Napoléon le 8 mars, reconnaissant ses contacts avec les conspirateurs, mais affirmant qu'il avait repoussé leurs propositions.

Cadoudal est arrêté le 9 mars dans le quartier de l'Odéon après une sanglante interpellation, dans laquelle un policier trouve la mort et un autre est blessé. Arrogant, il s'enorgueillit de son intention d'assassiner le Premier Consul. Il confirme la participation d'un prince dont il prétend ignorer l'identité. Il attendait son arrivée à Paris pour agir. Arrêté en même temps que lui, son cocher Léridant corrobore les aveux de son maître. Il est évident qu'au niveau qui est le sien, Cadoudal doit connaître le « *jeune prince* » attendu. Napoléon rejette avec horreur l'emploi de la torture que d'aucuns lui suggèrent pour le faire parler. Il préfère ne s'en remettre qu'aux moyens normaux de l'investigation policière. A sa place, un authentique tyran sanguinaire n'aurait pas hésité un seul instant à employer la méthode barbare mais efficace du supplice.

Le rapport Lamothe renforce encore les soupçons de culpabilité du duc. A Ettenheim doivent se trouver auprès de lui le général félon Dumouriez et un certain Smith, probablement le célèbre comploteur britannique. Il confirme que le duc se rend souvent à Strasbourg et à Offenbourg. Il y rencontre tout ce que la région compte de Royalistes exaltés. Les soupçons d'implication du duc se renforcent au fil des renseignements qui affluent. Tout le désigne désormais comme le très probable *«jeune prince»* attendu. Il n'y a plus une minute à perdre pour s'en assurer. Au cours d'une nouvelle réunion, le gouvernement prend à l'unanimité la décision d'arrestation du duc, suivie de sa traduction immédiate en justice. Une fois encore Talleyrand et Fouché se montrent les plus impatients.

Qu'y a-t-il d'illégal dans cette mesure ? Voilà un gouvernement sur le point d'être renversé par la violence et son chef assassiné. Tout un faisceau d'indices concordants aboutissent à un prince, âme présumée de la plus importante conjuration qu'ait connu la France. Après la mise hors d'état de nuire des exécutants du complot, fallait-il laisser échapper la tête et lui permettre de recommencer un peu plus tard ? Vraiment, il eût été irresponsable de la part de n'importe quel gouvernement d'en rester là !

Notons que l'arrestation et la traduction en justice innocentent implicitement Napoléon d'assassinat sommaire. S'il n'avait été animé que par la volonté de faire couler le sang d'un Bourbon, il lui eût été bien plus facile de faire appel à des tueurs à gages qui s'en seraient chargés discrètement, sans le moindre risque de bavure. A plusieurs reprises dans sa carrière, Napoléon a rejeté d'alléchantes propositions de cette nature.

L'arrestation doit résoudre un délicat problème de droit international. On a le choix entre deux solutions : la demande d'extradition adressée en bonne et due forme au Margrave de Bade où se situe Ettenheim, ou l'enlèvement manu militari par surprise. On renonce vite à la première méthode, manifestement inopérante. Longue et indiscrète, elle donnerait au suspect tout le temps de prendre la poudre d'escampette. De surcroît, elle plongerait le Margrave dans le plus profond des embarras, certain de s'attirer l'hostilité de l'une ou l'autre des parties. On en a eu d'ailleurs la confirmation après coup, à la lecture de sa très timide réponse à la lettre officielle d'excuses du gouvernement. On l'aurait même entendu pousser un profond soupir de soulagement…

Le gouvernement doit donc se résoudre à l'enlèvement de vive force. Les objections ne manquent pas à cette incursion armée non sollicitée en pays étranger. N'ayant pas le choix, Napoléon prend la responsabilité de passer outre, avec l'approbation du gouvernement. Le concept d'inviolabilité des frontières n'avait pas à l'époque l'importance d'aujourd'hui. L'enlèvement à l'étranger est certes illégal mais il s'est pratiqué de tous temps. Rappelons que Louis XIV, ancêtre du duc, y a eu recours au moins à deux reprises. En 1669, il fit enlever en Suisse par Turenne un certain Roux de Marcilly, agent de l'Angleterre conspirant contre la France, déjà ! En 1679, il fit procéder à la même opération sur les terres du duc de Mantoue, concernant son secrétaire, Ercole Mattioli. En son Conseil, Napoléon justifie la décision en se fondant sur l'esprit et non la lettre des conventions en vigueur : *« L'inviolabilité du territoire n'a pas été imaginée dans l'intérêt des coupables, mais seulement dans celui de l'indépendance des peuples et de la dignité du prince souverain »*. En d'autres termes, cela s'appelle *« droit de suite »*. Il est également important de souligner que le duc et ses amis n'étaient tolérés à Ettenheim par le Margrave qu'à la condition convenue de *« ne pas conspirer contre le gouvernement français, ami et allié »*. Ils s'étaient engagés à observer une *« conduite tranquille et sage »,* promesse qu'ils n'ont manifestement pas respectée.

Pour réduire au maximum un retentissement international, l'expédition prendra la forme d'un coup de main de va-et-vient de très courte durée, sans provoquer le moindre dommage collatéral au pays. Pour s'en assurer, le Premier Consul monte lui-même en détails le plan d'opérations. Placé à la tête d'un gros détachement militaire d'un millier d'hommes, le général Ordener reçoit le 10 mars l'ordre de *« se porter sur Ettenheim, cerner la ville, y enlever le duc d'Enghien, Dumouriez, un colonel anglais et tout individu qui serait de leur suite »*.

Malgré la discrétion observée, l'entourage du duc soupçonne l'imminence d'un danger. De tous côtés, lui parviennent des conseils de s'éloigner d'Ettenheim. Mais, téméraire et présomptueux, il n'en tient aucun compte, comme s'il voulait sceller lui-même son fatal destin. Dans la nuit du 14 au 15 mars, le détachement de gendarmerie du commandant Charlot procède à l'arrestation du duc sans la moindre effusion de sang. La surprise n'a que partiellement joué, mais le duc et sa suite, bien que l'arme à la main, n'opposent aucune résistance, au grand étonnement de Charlot. Ce ne sont pas Dumouriez et Smith que trouve Charlot à Ettenheim, mais le marquis de Thumery et un certain lieutenant Schmidt. Le maréchal des logis Lamothe a été induit en erreur par la prononciation des patronymes à l'allemande. Cela ne change rien de fondamental à l'affaire. C'est essentiellement du duc qu'il s'agit, et ce dernier est bien entre les mains de la gendarmerie, ainsi que ses papiers très compromettants qu'il n'a pas eu le temps de faire disparaître. Il est aussitôt dirigé sur Paris sous bonne escorte de Charlot. En cours de route, le duc se montre disert avec son gardien. Il écrit une lettre au Premier Consul qui ne parviendra pas à son destinataire. Retrouvant sa superbe naturelle, il se confie imprudemment. Il est étonné que l'on ait cru Dumouriez auprès de lui, mais déclare *« qu'il était cependant possible qu'il eut été chargé de lui apporter des instructions d'Angleterre »*. Cet aveu renforce le soupçon que le duc et le *« jeune prince »* attendu ne font qu'un. Se rendant compte de son énorme imprudence, il s'empresse d'ajouter pour la faire oublier *« qu'il estime Bonaparte comme un grand homme »*. Mais son orgueil reprend aussitôt le dessus lorsqu'il poursuit « *qu'étant prince de la famille des Bourbons, il lui a voué une haine implacable ainsi qu'aux Français, auxquels il ferait la guerre dans toutes les occasions* ». Avant même de passer devant un tribunal, le duc prépare lui-même sa condamnation à mort. Lorsque Charlot lui demande pourquoi il s'est rendu sans résistance, il montre une certaine gêne et répond « *qu'il se repend de n'avoir pas tiré sur lui, ce qui aurait décidé de son sort les armes à la main* ».

Au passage, un constat accablant s'impose ici. Sans la moindre décence, le duc crache sa haine pour le peuple de son pays. En digne représentant des derniers Bourbons, il fournit ainsi la raison profonde de leur déchéance. En perdant leur amour pour le peuple, vertu cardinale de leurs ancêtres, les derniers Bourbons se sont perdus eux-mêmes. Rois de France, ils ont oublié de rester rois des Français.

Les papiers saisis à Ettenheim parviennent entre les mains du Premier Consul le 19 mars. Ils confirment en tous points les liens étroits du duc avec l'ennemi. On y découvre, en effet, qu'il est pensionné du cabinet anglais et qu'il anime tout un réseau antirépublicain aux nombreuses ramifications. Dans une correspondance adressée à Sir Charles Stuart, il offre servilement ses services aux ennemis héréditaires de son pays, faisant se retourner tous les Capétiens dans leur tombe. On y lit : « *Le duc d'Enghien sollicite des bontés de sa Majesté britannique la grâce de jeter les yeux sur lui pour l'employer n'importe comment contre ses implacables ennemis, en daignant lui confier le commandement de quelques troupes auxiliaires (...)* ». Les « implacables *ennemis* » du duc sont les Français. Après cet aveu accablant, peut-on encore douter de sa culpabilité d'intelligence avec l'ennemi et de trahison, même si la preuve n'est pas apportée qu'il incarne le « *jeune prince* » attendu ?

Des lettres récentes à son grand-père Condé, lui conseillant la prudence, confirment son activisme effréné et nourrissent un peu plus la suspicion qu'il est le « *jeune prince* » attendu : « *En ce moment, où l'ordre du Conseil privé de Sa Majesté britannique enjoint aux émigrés retraités de se rendre sur les bords du Rhin, je ne saurais, quoi qu'il puisse m'arriver, m'éloigner de ces dignes et loyaux serviteurs de la monarchie* ». Notons au passage l'allusion claire à l'implication de Londres dans la conspiration en cours. D'autres lettres à son grand-père renforcent les soupçons de sa participation au complot Cadoudal. L'une d'entre elles est particulièrement compromettante : « (…) *Je désire rester rapproché des frontières car, comme je le disais tout à l'heure, la mort d'un homme peut amener, au point où en sont les choses, un changement total (...)* ». L'homme dont on attend la mort n'est-il pas Bonaparte et le « *changement total* » le renversement du régime ? Dans la moins grave des hypothèses, le duc est au moins complice d'un assassinat en préparation.

Avant de passer au procès, nous pouvons déjà affirmer sans l'ombre d'un doute que le duc est coupable d'intelligence avec l'ennemi et de trahison. S'il n'a pas reconnu être le prince attendu, il n'en a pas moins avoué sa complicité dans le complot. Son arrestation et sa traduction devant la justice sont on ne peut plus justifiées. L'intrusion non autorisée en pays de Bade ne représente plus dans l'affaire qu'une vétille au regard de sa gravité.

RÉGULARITÉ DU PROCÈS ET DE LA SENTENCE PRONONCÉE.

L'illustre prisonnier arrive au château de Vincennes dans la soirée du 20 mars. Dans l'après-midi, le Premier Consul réunit de nouveau son Conseil aux Tuileries en vue d'arrêter la décision de mise en jugement. En toute légalité et sans aucune objection juridique émanant du Conseil, le texte suivant est adopté : « *Sur le compte-rendu du Grand Juge, Ministre de la Justice, de l'exécution des ordres donnés par le gouvernement le 16 de ce mois relativement aux conspirateurs qui s'étaient réunis dans l'électorat de Bade, le gouvernement arrête que le ci-devant duc d'Enghien, prévenu d'avoir porté les armes contre la République, d'avoir été et être encore à la solde de l'Angleterre, de faire partie des complots tramés par cette dernière puissance contre la sûreté intérieure et extérieure de la République, sera traduit devant une Commission Militaire composée de sept membres, nommés par le Gouverneur Militaire de Paris, et qui se réunira à Vincennes* ».

Les Commissions Militaires n'étaient pas des tribunaux d'exception. Elles avaient été instituées par la Convention. Le Premier Consul en avait adouci la rigueur. Elles étaient assez souvent saisies. En 1803-1804 elles le furent près de cinquante fois.

Gouverneur militaire de Paris de fraîche date, Murat, ardant partisan de la condamnation du duc, dispose de très peu de temps pour composer la Commission. Il fait son choix un peu au hasard parmi les officiers de la garnison. Le général Hulin, Commandant des Grenadiers de la Garde, est nommé à la présidence. Murat lui communique l'injonction verbale de Napoléon, transmise par Savary, chef de la gendarmerie d'élite, de « *juger sans désemparer et en finir dans la nuit »,* c'est-à-dire siéger sans interruption jusqu'à la sentence. Notons bien l'expression, car son interprétation abusive va constituer un abominable prétexte criminel. Six colonels commandants de régiments, un capitaine rapporteur et un greffier, complètent la Commission. Les six colonels sont : Guiton (1er régiment de cuirassiers), Bazancourt (4ème régiment d'infanterie légère), Ravier (18ème régiment de ligne), Barrois (96ème régiment de ligne), Rabbe (2ème régiment de la Garde de Paris). Le capitaine rapporteur se nomme Dautancourt. Rien dans leur curriculum vitae ne permet de douter de leur impartialité, comme le confirmera le déroulement de l'audience. Savary est chargé ès qualité de la sécurité des lieux. A ce titre, il impose sa présence comme observateur tout puissant du procès. Rien en droit ne s'y oppose, le huis clos n'étant pas décrété, car on n'a rien à cacher. D'ailleurs, d'autres officiers présents observent le déroulement de plus loin.

La Commission reçoit le dossier d'instruction vers vingt-deux heures. Il contient l'arrêté du gouvernement précité donnant sa mission à la Commission, l'ordre de Murat précisant la composition de cette dernière, le rapport de synthèse rédigé par Real, et des pièces à conviction constituées par les papiers compromettants du duc saisis à Ettenheim.

Le prévenu est aussitôt soumis à l'interrogatoire serré du capitaine rapporteur. A aucun moment le duc ne sollicite l'assistance d'un défenseur qu'il sait avoir le droit d'exiger. Dautancourt prend son temps pour ne rien laisser dans l'ombre. De son interrogatoire, il ressort en substance que le duc nie farouchement toute participation à la conjuration Cadoudal. Mais il reconnaît sans difficulté, et même avec une certaine délectation, son lourd passé de combattant contre l'armée française. Il affirme de nouveau avec une provocante impertinence sa volonté de réitérer à la première occasion. Il affiche sa totale allégeance à l'Angleterre en guerre contre la France. Il confirme sa haineuse hostilité pour « *Bonaparte* », tout en avouant l'admirer secrètement. Il tient à faire précéder sa signature du procès verbal d'interrogatoire de la mention suivante, rédigée de sa main, demande déguisée de recours en grâce : « *Je fais avec insistance la demande d'avoir une audience particulière avec le Premier Consul. Mon nom, mon rang, ma façon de penser et l'horreur de ma situation me font espérer qu'il ne refusera pas ma demande* ». Parfaitement légale, cette requête va tenir une place considérable dans le dénouement de l'affaire.

Le prévenu est introduit en salle d'audience vers minuit et demi par Dautancourt. Savary se tient dans un coin de la salle, très attentif. Face à ses juges qui le scrutent intensément, le duc conserve son attitude hautaine. Le scrupuleux colonel Ravier demande immédiatement la parole : « *Mon général*, déclare-t-il au président, « *je tiens à faire observer que nous ne remplissons pas les conditions exigées par la Loi : aucun témoin n'a été cité, l'accusé n'a pas été pourvu d'un défenseur. Je me demande si dans ces conditions, nous avons le droit de siéger.* » A cette question capitale, le président apporte une réponse précise : « *Nous ne sommes pas constitués en Conseil de Guerre mais en Commission Militaire, juridiction spéciale instituée par la Convention en l'An III, disposant d'un pouvoir discrétionnaire, et jugeant sans appel. Le prévenu n'a pas sollicité de défenseur* ». La Commission siège donc en toute légalité.

Après cette mise au point, l'officier rapporteur procède à la lecture du procès-verbal d'interrogatoire. Il termine par la demande d'audience du duc au Premier Consul. Le colonel Barrois demande alors la parole : « *Je crois de notre devoir, déclare-t-il, de transmettre cette supplique au général Bonaparte. Cela ne nous empêchera pas de siéger entre temps. En moins de quatre heures, un cavalier bien monté peut porter un message à la Malmaison et nous rapporter la réponse* ». A ces mots, Savary bondit jusqu'au fauteuil du président et lance d'un ton péremptoire : « *Cette demande est inopportune !* ». De quoi se mêle-t-il ? Manifestant courageusement son indépendance, la Commission passe outre et décide de réexaminer la question en fin d'audience.

Aux questions du général Hulin qui s'appuie strictement sur le contenu du procès-verbal d'interrogatoire, le duc répond sans détours. Il confirme son lourd passé de combattant contre l'armée française. Il ne peut nier son allégeance rétribuée à l'Angleterre, ennemie de son pays. Il persiste à renouveler ses aveux accablants avec une provocante satisfaction. Des membres de la Commission tentent en vain de lui tendre des perches en vue de déceler quelque hypothétique circonstance atténuante. C'est peine perdue, il s'enferre au contraire : « (…) *Un Condé ne peut jamais rentrer en France que les armes à la main. Ma naissance, mon opinion, me rendent à jamais l'ennemi de votre gouvernement* ». Cette bravade ne manque pas de panache, mais elle signe déjà la condamnation à mort de son auteur par lui-même.

Et ce n'est pas fini ! Concernant la question cruciale de sa participation à la conjuration Cadoudal, il renouvelle avec vigueur ses dénégations précédentes, estimant le procédé indigne de lui. Mais, poussé dans ses derniers retranchements par le général Hulin, il finit par lâcher ce demi aveu qui achève de le perdre : « *Mon intention n'était pas d'y rester indifférent. J'avais demandé à l'Angleterre du service dans son armée et elle m'avait fait répondre qu'elle ne pouvait m'en donner, mais que j'eusse à rester sur le Rhin, où j'aurais incessamment un rôle à jouer, et j'attendais. Monsieur, je n'ai plus rien à vous dire !* ». Le duc aurait-il été à son insu le « *jeune prince* » attendu par les conjurés ? Après coup, on a pu établir qu'il s'agissait du duc de Berry, fils du comte d'Artois, ce qui n'exclut pas que le duc d'Enghien pouvait être également attendu à titre complémentaire. De toutes façons, la question était devenue accessoire, au regard des autres chefs d'inculpation.

Les débats achevés, le duc rejoint sa cellule dans l'attente du verdict. La délibération de la Commission dure moins de deux heures. Jamais tribunal n'a eu à juger affaire aussi simple en droit. Le prévenu lui-même a moralement déjà signé sa condamnation. De surcroît, son attitude provocante n'encourage guère les juges à la clémence. La sentence de mort est inéluctable. Elle est prononcée à l'unanimité de la Commission. Le duc d'Enghien est reconnu coupable de six chefs d'inculpation :

1 - Avoir porté les armes contre la République Française.

2 - Avoir offert ses services au gouvernement anglais ennemi de la France.

3 - Avoir reçu et accrédité auprès de lui des agents du gouvernement anglais, de lui avoir procuré des moyens de pratiquer des intelligences en France et d'avoir conspiré avec eux contre la sécurité intérieure et extérieure de l'État.

4 - S'être mis à la tête d'un rassemblement d'émigrés et autres, soldé par l'Angleterre, sur les frontières de la France dans les pays de Fribourg et de Bade.

5 - Avoir pratiqué des intelligences dans la place de Strasbourg, tendant à faire soulever les départements circonvoisins pour y opérer une diversion favorable à l'Angleterre.

6 - Être l'un des fauteurs et des complices de la conspiration tramée par les anglais contre la vie du Premier

Consul, et devant en cas de succès de cette conspiration, entraîner l'envahissement de la France.

Observons bien que tous ces motifs correspondent en tous points aux faits constatés et aux aveux du prévenu. Notons aussi qu'il n'est pas reconnu comme le « *jeune prince attendu* », mais seulement le « *complice* » du complot Cadoudal.

On a beaucoup glosé sur la sévérité de la sentence, probablement parce qu'elle frappait un prince du sang. Juridiquement ce verdict est inattaquable. Pour les crimes d'intelligence avec l'ennemi et de trahison, ici clairement établis et même revendiqués, les lois du 28 mars 1793 et du 26 brumaire an III ne prévoient que la peine capitale pour chacun de ces chefs d'inculpation. Longue est la liste de ceux qui ont subi ce châtiment. La Justice doit être la même pour tous, sans aucune discrimination. Une position sociale élevée constitue plutôt une circonstance aggravante ! « *Dura lex, sed lex.* ». Le jury n'avait pas d'autre choix. Bonaparte lui-même n'eût pu épargner au duc la peine de mort. Il ne lui restait plus que le droit de grâce.

On a également attaqué le jugement sur une lacune de rédaction. La Commission connaissait les lois qu'elle appliquait mais non leurs dates précises. Elle a dû les laisser provisoirement en blanc. Cette imperfection mineure ne change absolument rien au fond. La rédaction du jugement donne lieu à un incident fâcheux. A la demande du greffier, une première mouture déjà signée par tous les membres de la Commission doit être annulée pour vices de forme. On s'attelle immédiatement à une seconde rédaction sans prendre soin de détruire la première, restée dans les papiers personnels du président Hulin. Certains en feront un usage malhonnête pour discréditer la procédure judiciaire.

Nous venons de faire litière des injustes reproches généralement faits à la procédure judiciaire suivie. Jusqu'ici tout s'est déroulé selon les règles établies mais, hélas, il n'en sera pas de même du dernier acte. En effet, un impardonnable abus de pouvoir de Savary va entacher gravement la suite de l'affaire.

L'ODIEUSE BAVURE DE L'EXÉCUTION.

Le verdict rendu, le général Hulin s'emploie immédiatement à donner la suite prévue à la demande d'audience au Premier Consul. Savary s'interpose de nouveau :

- « *Que faites-vous là ?* » demande-t-il sèchement au général.

- « *J'écris au Premier Consul pour lui exprimer le vœu de la Commission et celui du condamné* ».

- « *Votre affaire est finie,* rétorque-t-il avec véhémence, lui arrachant la plume de la main. « *Maintenant cela me regarde !* »

Si on en croit ses "*Explications offertes aux hommes impartiaux* "(1823), le général Hulin prétend comprendre alors que « *cela le regardait d'avertir le Premier Consul* » et n'insiste donc pas. C'est une explication, mais non une justification. Dans une circonstance aussi grave, jamais le président de la Commission n'aurait dû se décharger sur personne de son devoir. Un inconsolable remords devait d'ailleurs miner le reste de son existence. On a voulu faire porter le chapeau de l'exécution précipitée au général Hulin. Il s'en défend sur son honneur dans le document précité : *« Je veux éloigner de moi et de mes collègues, l'idée que nous avons agi comme des hommes de parti. (...) Oui, je jure au nom de tous mes collègues, cette exécution ne fut point autorisée par nous. (...) La seconde rédaction du jugement, la vraie, ne portait pas l'ordre « d'exécuter » tout de suite, mais seulement de « lire » tout de suite le jugement au condamné. (...) L'ordre d'exécution ne pouvait être régulièrement donné que par une autorité supérieure. (...) Nous ignorons si celui qui a si cruellement précipité cette exécution funeste avait des ordres. S'il n'en avait point, lui seul est responsable. »* Il s'agit bien entendu de Savary. On peut accorder foi aux justifications du général Hulin. Seul Savary porte la responsabilité du viol flagrant de la Loi qui accorde au condamné à mort le droit à une demande de recours en grâce.

En cette fin de nuit du 21 mars 1804, Savary ne perd pas une seconde pour ne donner à quiconque le temps de contrecarrer son noir dessein ou l'application de mystérieuses consignes reçues. Il ordonne au gouverneur de Vincennes le transfert immédiat du condamné dans les fossés du château, où va se dérouler une atroce tragédie, bouleversante et surréaliste, qui n'a pas peu apporté à la notoriété de l'affaire. En parvenant dans les fossés, le duc comprend qu'il est perdu. A la lueur des lanternes, il aperçoit sous une pluie fine un peloton de gendarmes alignés, l'arme au pied. Un sous-officier s'avance vers lui un falot à la main et lit à haute voix le jugement. Restant maître de lui, le duc demande alors si quelqu'un peut lui prêter des ciseaux. Un gendarme satisfait à cette requête insolite. Le duc coupe une mèche de ses cheveux qu'il glisse avec l'anneau qu'il porte à son doigt dans l'enveloppe d'une lettre qu'il était en train d'écrire lorsque l'on est venu le chercher dans sa cellule. Il s'adresse à l'officier de gendarmerie présent : «*Voulez-vous faire passer ceci à la princesse de Rohan-Rochefort ? »*. L'officier accepte d'exaucer cette ultime volonté.

Puis, toujours calme, le duc demande l'assistance d'un prêtre. C'est son ultime volonté et nul n'a le droit de s'y opposer. Ce n'est pas l'avis de Savary qui accumule les infamies en cette nuit cauchemardesque. Sa voix tonitruante tombe du pont-levis enjambant le fossé sur lequel il préside à l'exécution : « *Pas de capucinade ! »*. Toujours digne, le duc se dirige alors vers un arbuste se trouvant là. Il s'agenouille pour prier. N'en étant plus à une ignominie près, Savary s'impatiente : « *Adjudant, commandez le feu !»*. On a quelque peine à éloigner du condamné son chien Mohilof qu'on l'avait autorisé à emmener d'Ettenheim. Quelques instants plus tard, le duc tombe sous les balles du peloton d'exécution. Il meurt dignement. Son incontestable bravoure eût mérité mieux que la défense nostalgique d'un ancien régime suranné, vendu de surcroît aux implacables ennemis de la France de ses ancêtres. Son cadavre est jeté et enseveli dans une fosse déjà creusée à proximité, ce qui confirme la criminelle préméditation de Savary. L'exécution n'a pris que quelques minutes. La Commission se trouve encore dans le château lorsqu'elle entend le crépitement de la fusillade. Sursautant, elle en frémit d'effroi, mais ne peut plus rien. Le duc d'Enghien vient de mourir noblement, faisant honneur à ses ancêtres sur ce point.

Tôt dans la matinée de ce 21 mars 1804, Savary arrive à la Malmaison faire son rapport au Premier Consul, « *en exécution de ses ordres* » a-t-il le toupet de dire. A l'annonce de l'exécution, Bonaparte est frappé de stupeur. Son secrétaire Méneval en porte témoignage. Prenant brutalement conscience de l'extrême gravité de ce dénouement expéditif, il sent le sol se dérober sous ses pieds. Il suffoque, sur le point de défaillir. A cause d'un funeste concours de circonstances que nous verrons plus loin, une effroyable faute politique qu'il avait tenu à éviter vient d'être commise. La précieuse carte d'apaisement d'une grâce envisagée vient de s'envoler. L'ignoble Savary tente de se justifier par une explication tirée par les cheveux. Il affirme la main sur le cœur qu'il avait compris que « *juger sans désemparer et en finir dans la nuit »,* comme Murat l'avait ordonné à la Commission, signifiait aller jusqu'à l'exécution de la sentence. Peut-on sérieusement croire à cette sornette ? Pour sûr, si un représentant du Premier Consul avait été présent au tribunal, « *il n'aurait pas ordonné l'exécution immédiate sans son consentement* », ajoute-t-il hypocritement. La colère succédant à la stupéfaction, Bonaparte lui inflige une mémorable volée de bois vert que les observateurs ont presque passée sous silence, seulement préoccupés d'instruire à charge son procès à venir.

Le Premier Consul se ressaisit rapidement. Son légendaire réalisme reprend le dessus. Le mal étant fait, tragiquement irrémédiable, ce qui importe désormais c'est de limiter les dégâts politiques de l'événement. Nous verrons plus loin les raisons qui l'ont conduit à ne pas s'en désolidariser publiquement et à conserver à ses côtés le méprisable Savary. Ce faisant, il va prêter le flanc à l'affreuse accusation d'être l'ordonnateur en chef de cette exécution sommaire. Le procès de Napoléon va chasser celui du duc d'Enghien. Ses détracteurs vont exploiter à outrance cette abominable bavure, au mépris d'une pièce capitale de l'affaire qui le disculpe totalement et qu'ils font mine d'ignorer. Nous l'avons gardée pour la bonne bouche.

Le Premier Consul connaît son monde. L'acharnement avec lequel certains de ses grands subordonnés l'ont poussé à se montrer intraitable lui a fait craindre un intempestif excès de zèle dans la procédure. Pour éviter tout dérapage, il avait décidé d'introduire dans le circuit judiciaire son représentant personnel. Au moment où la Commission s'apprêtait à siéger, il avait fait porter à Real l'ordre suivant, rédigé par le secrétaire d'État Maret : *« Rendez-vous sur le champ à Vincennes pour faire interroger le prisonnier. Voici l'interrogatoire que vous ferez :*

1 - Avez-vous porté les armes contre votre Patrie ?

2 - Avez-vous été à la solde de l'Angleterre ?

3 - N'avez-vous pas oublié tout sentiment de la nature jusqu'à appeler le peuple français votre plus cruel ennemi ?

4 - N'avez-vous pas proposé de lever une légion et de faire déserter des troupes de la République, en disant que votre séjour pendant deux ans près des frontières vous avait mis à même d'avoir des intelligences parmi les troupes qui sont sur le Rhin ?

5 –Avez-vous connaissance du complot tramé par l'Angleterre et tendant au renversement du gouvernement de la République et, le complot ayant réussi, ne deviez-vous pas entrer en Alsace et même vous porter à Paris, selon les circonstances ? ».

Ce questionnaire ne fait que répéter celui contenu dans le dossier de la Commission et Napoléon le sait parfaitement. Mais c'est un bon prétexte pour avoir sur place un homme à lui. Il s'assure de la sorte la maîtrise du processus judiciaire. Tant que Real ne lui aura pas fait rapport de sa mission, rien d'irréparable ou d'irréversible ne pourra se produire. Hélas, trois fois hélas, un fatal concours de circonstances, que l'Histoire se plaît parfois à infliger aux hommes, vient tout gâcher, réduisant à néant le verrou de sécurité placé par le Premier Consul. Lorsque sa missive parvient au domicile de Real à vingt-deux heures, ce dernier dort déjà du sommeil du juste, épuisé par sa longue et minutieuse enquête. Son rôle était terminé. La Justice venait de prendre le relais. Il a ordonné à son valet de chambre de ne le déranger sous aucun prétexte avant cinq heures du matin. Lorsqu'à son réveil il prend connaissance du document il se précipite affolé à Vincennes, mais il arrive trop tard. L'irréparable est consommé.

Bonaparte aurait-il accordé sa grâce si les deux demandes du duc lui étaient parvenues à temps ? L'Empereur confie à Caulaincourt en 1812 : « *Si j'avais lu avant sa mort la note écrite à Strasbourg par le duc, il n'aurait pas péri ainsi* ». Il a été établi que Talleyrand a détourné cette lettre pour empêcher le Premier Consul d'en prendre connaissance. Dans le Mémorial de Sainte-Hélène, l'Empereur affirme indirectement qu'il n'a pas été dupe: « *Si j'avais vu la lettre qu'il m'écrivait, et que l'on ne me remît, Dieu sait pour quels motifs, qu'après qu'il n'était plus, bien certainement j'eusse pardonné* ». Nous reviendrons sur l'expression « *que l'on ne me remît, Dieu sait pourquoi, qu'après....* », allusion lourde de sens. On ne peut douter de la sincérité de cette confidence de Napoléon faite quinze ans après les faits. Son secrétaire Méneval, dans ses Mémoires où il fait une large place à l'affaire, abonde dans le sens de la clémence de Napoléon : « *Je suis persuadé de ce que Napoléon, suffisamment réconforté par l'humiliation qu'il avait infligée à ses ennemis en déjouant leur complot, aurait incliné à la clémence et épargné la vie du prince.* » Venant de quelqu'un vivant dans son intimité, cette confidence a un poids certain. Quoi qu'il en soit, répétons-le, la lettre à Real innocente sans conteste Napoléon de l'accusation de crime prémédité contre le duc d'Enghien.

Avant de passer à la dernière partie, procédons à une récapitulation succincte de l'affaire. Les lourds soupçons pesant sur le duc d'Enghien ont pleinement justifié son arrestation et sa traduction en justice. Quoique bref parce que très simple, son procès a été régulier et la sentence prononcée par un tribunal légal et impartial, conforme au Droit. Seule son odieuse exécution précipitée est condamnable, mais nous venons de voir que Napoléon n'en est ·ni coupable ni responsable. Ainsi, dans l'inique procès en diabolisation intenté à Napoléon, le témoignage têtu des faits fait voler en éclats le fallacieux acte d'accusation monté contre lui.

La cause aurait du être entendue. Il n'en est rien ! En dépit des évidences, les haineux contempteurs de Napoléon persistent à entretenir la légende noire de ce sombre épisode de l'épopée napoléonienne.

Une falsification de l'histoire

En l'absence d'arguments convaincants et de preuves irréfutables, l'acharnement névrotique à nuire à la mémoire de Napoléon pousse ses auteurs à recourir à la désinformation caractérisée : calomnies, faux et usage de faux, contrevérités historiques se succèdent.

L'AIR DE LA CALOMNIE.

On entend cet air là essentiellement à la lecture des Mémoires des principaux protagonistes de l'affaire, se déchargeant de leurs turpitudes sur Napoléon. Ces braves ont eu l'extrême témérité d'attendre la mort de l'Empereur pour publier leur prose ! Régicides ou complices de ce forfait, ils avaient beaucoup à se faire pardonner par les nouveaux maîtres royalistes de la France. Entre l'honneur et le confort politique, ils n'ont pas hésité. Ces hiérarques de l'épopée napoléonienne, devant tout à Napoléon, se sont livrés à un odieux zèle anti-bonapartiste pour rentrer en grâce, sans grand succès d'ailleurs. Les plus méprisables d'entre eux sont sans doute Talleyrand, Fouché et Savary, mais faut-il encore s'en étonner ? Sans s'étendre davantage, peut-on sérieusement accorder la moindre crédibilité à ces personnages ignobles ? Comment croire aux ragots, insinuations perfides et assertions mensongères de ces sinistres personnages? Bien plus condamnable est la falsification des documents.

Nous avons évoqué plus haut l'usage que l'on a tenté de faire du premier jet de la rédaction du jugement du duc d'Enghien, abandonné aussitôt écrit pour non-conformité au style juridique. On s'en est par la suite emparé frauduleusement dans les papiers personnels du général Hulin pour démontrer l'illégalité du procès. La supercherie découverte, le coup a fait long feu, sans toutefois lever entièrement le soupçon.

On a fait pire avec la fabrication d'un faux ordre donné par Bonaparte à Murat, lui ordonnant : « *Faites entendre aux membres de la Commission qu'il faut terminer dans la nuit et ordonnez que la sentence, si, comme je n'en puis douter, elle porte condamnation à mort, soit sur le champ exécutée et le condamné enterré dans un coin du fort* ». Les faussaires ont mis du temps à réaliser que cette falsification était en contradiction formelle avec la lettre officielle de Bonaparte à Real. Le pot au rose révélé, ils durent évidemment renoncer piteusement à cette ignominie. Mais il n'est pas sûr aujourd'hui encore que le doute soit pleinement levé.

« *Mentez, mentez, il en restera toujours quelque chose* » !
Comme pour les contrevérités historiques.

CONTREVÉRITÉS HISTORIQUES.

L'édifiante confrontation de l'acte d'accusation avec le témoignage des faits nous a déjà permis de faire litière de la plupart des contrevérités proférées. Il nous reste à faire voler en éclats les dernières.

ABSURDITÉ DE LA THÈSE DU CRIME SACRIFICIEL

Balayons d'abord d'un revers de main cette outrance qui porte un sérieux coup au crédit de l'historien royaliste qui l'a lancée, Bainville. Ainsi, la mort du duc d'Enghien correspondrait à l'immolation d'un Capétien sur l'autel de l'Empire, afin de consacrer dans le sang le baptême de la nouvelle dynastie. Cette ahurissante accusation méconnaît totalement la nature foncière de Napoléon. Homme des lumières incontesté, ce rite païen barbare était aux antipodes de sa philosophie. Le crime quel qu'il soit a toujours répugné à sa conscience, comme il s'en est ouvert à Sainte-Hélène, parlant des Bourbons : « *J'eus plus d'une fois l'offre de leurs destinées. On m'a fait proposer leurs têtes, depuis le premier jusqu'au dernier. Je l'ai repoussée avec horreur. Je l'eusse regardée comme une basse et gratuite lâcheté* ».

Pour s'élever, Napoléon n'avait nul besoin, ni de crime sacrificiel, ni même de crime politique.

CONTRESENS DE LA THÈSE DU CRIME POLITIQUE.

D'aucuns s'acharnent à soutenir que l'affaire du duc d'Enghien a été montée de toutes pièces par le Premier

Consul pour lui servir de tremplin vers l'Empire. Il lui fallait absolument un acte fondateur de rupture avec la royauté, en garantie de l'intangibilité républicaine du nouveau régime. Ce dessein a bien tourneboulé quelques têtes jacobines comme on le verra plus loin, mais fut totalement étranger à Bonaparte. Avait-il encore besoin d'administrer la preuve de son attachement indéfectible à la République ? Depuis 1789, il l'avait manifesté dans tous ses actes. Ni le peuple, ni les Bourbons, ni les monarchies européennes, n'en doutaient plus du tout depuis longtemps. Rappelons-le, n'avait-il pas rétorqué aux avances serviles du comte de Provence, futur Louis XVIII, que *« pour arriver au trône, le Prétendant devait marcher sur cent mille cadavres ?*

Les complots criminels successifs visant le Premier Consul ont indéniablement constitué la raison déterminante du changement de régime. Et lorsque l'affaire du duc d'Enghien s'est présentée, la cause était déjà entendue. Les esprits y étaient préparés depuis des mois. On mettait la dernière main aux textes constitutionnels. Et moins de deux mois plus tard, l'Empire était proclamé dans l'euphorie générale de la nation. L'accusation de vengeance personnelle contre les Bourbons ne tient pas non plus. En dépit de quelques rebuffades spontanées, Bonaparte était trop fin politique pour subordonner son action à un quelconque ressentiment personnel. La politique intérieure du Premier Consul avait tout à perdre d'un ravivage des haines civiles engendrées par les convulsions révolutionnaires. Depuis l'avènement du Consulat plus de trois ans auparavant, la réconciliation des Français constituait jusqu'à l'obsession, comme on l'a vu, le cœur et l'axe de la grande œuvre intérieure du Premier Consul : paix avec les Chouans, amnistie des émigrés, Concordat etc.…En 1804 il est sur le point d'achever ce prodige. Il eût été insensé de sa part de prendre le risque suicidaire de tout remettre en cause d'un seul coup. Il y avait au contraire une carte politique maîtresse à jouer. Dans leur majorité, les Royalistes restaient sourds aux offres d'apaisement de Bonaparte. La clémence d'Auguste, manifestée par une grâce généreuse accordée au duc, aurait pu, qui sait, en rallier un grand nombre.

Pour achever de nuire à Napoléon, il ne manquait plus que la mise en cause de sa conscience.

INEPTIE D'UN PSEUDO REMORDS DE NAPOLÉON.

Maints auteurs imaginatifs laissent entendre insidieusement que toute sa vie Napoléon a été taraudé par le remords de la mort du duc d'Enghien. Ils se fondent sur le besoin qu'il aurait ressenti de se justifier jusque dans son testament. Nouvelle falsification, ils font dire à ce testament ce qu'il ne dit pas. Voici à titre d'exemple ce qu'écrivent encore les encyclopédies Universalis et Hachette, se copiant probablement l'une l'autre : « *C'était un sacrifice nécessaire à ma sécurité et à ma grandeur* ». Comparons avec le texte authentique, au huitième paragraphe du testament : « *(...) J'ai fait arrêter et juger le duc d'Enghien parce que cela était nécessaire à la sûreté, à l'intérêt et à l'honneur du peuple français, lorsque le comte d'Artois entretenait de son aveu soixante assassins à Paris. Dans une semblable circonstance, j'agirais encore de même* ». La comparaison

38

des deux passages surprend les rédacteurs en flagrant délire de faux en écriture.

Sur son lit de mort, Napoléon procède à une ultime mise au point. Il assume l'entière responsabilité de l'arrestation du duc et de sa traduction en justice qu'il considère légitimes. En revanche, il ne se sent nullement coupable de l'ordre d'une exécution expéditive. Il n'a donc aucune raison d'éprouver des remords, tout au plus la frustration de n'avoir pu faire jouer son droit de grâce. Mais il ressent comme une profonde injustice l'accusation de crime. L'Empereur n'avait nulle raison d'avoir des états d'âme. Comme nous l'avons vu, ses grands collaborateurs ont non seulement approuvé ses décisions, mais l'y ont fortement poussé, certains pour des raisons troubles, comme nous allons le voir plus loin.

Et ce que l'on s'efforce de nous cacher, c'est l'approbation générale de l'opinion.

APPROBATION EN FRANCE ET EN EUROPE.

L'impact d'un mensonge est d'autant plus dévastateur que l'événement concerné est important. On a gonflé à souhait l'émotion et la désapprobation soi-disant soulevées par la mort d'un prince du sang. Pour culpabiliser Napoléon, toute une littérature fait état d'une prolifération de conseils de modération prétendument prodigués au Premier Consul par ses collaborateurs et ses proches au commencement de l'affaire. C'est le contraire de la vérité. Donnons de nouveau la parole à Napoléon à Sainte-Hélène : *« Quant aux diverses oppositions que je rencontrai, aux nombreuses sollicitations qui me furent faites, a-t-on répandu dans le temps, rien de plus faux. On ne les a imaginées que pour me rendre plus odieux ».* On a manifestement accordé top d'importance aux élucubrations de l'intrigante madame de Rémusat. S'ils ne sont pas entièrement inventés, on porte à l'excès les épanchements larmoyants de son entourage privé à l'annonce de l'affaire puis de la mort du duc, en particulier de Joséphine. Le soir même, elle l'accompagne joyeuse à l'Opéra sans la moindre réticence, et ils y sont applaudis comme jamais !

Car l'opinion publique approuve presque à l'unanimité cette application du principe d'égalité devant la Loi. Devant elle, la peau d'un duc a le même prix que celle d'un roturier. Au cours des jours qui suivent l'exécution, parviennent au Premier Consul de nombreuses adresses enthousiastes de la Grande Armée, rassemblée au Camp de Boulogne. Il en est de même de toutes les régions du pays. Bref, toute la France approuve le Premier Consul, à l'exception de l'opposition royaliste. Chateaubriand donne bien sa démission de son poste diplomatique en Italie, mais que représente cet acte isolé, accompli sous le coup de l'émotion et sans la connaissance réelle du dossier ?

A l'étranger, il en va de même. Seules la Suède (pour très peu de temps), l'Angleterre, et surtout la Russie, manifestent leur hostilité. Le tsar Alexandre 1er n'est pas le mieux placé pour dispenser une leçon de morale à Bonaparte. Il est soupçonné, non sans fondement, de complicité dans l'assassinat de son père Paul 1er il n'y a pas si longtemps, et déjà à l'instigation du cabinet anglais, parce Paul 1er s'était entiché de Bonaparte. Les autres monarchies européennes n'expriment aucun ressentiment. Les lettres de protestation qu'elles reçoivent du comte de Provence lui sont retournées sans même avoir été ouvertes. Étrange, vraiment étrange, les autres Bourbons, qu'ils soient d'Espagne, de Naples ou de Florence, ne prennent même pas le deuil ! La reine d'Étrurie va jusqu'à se réjouir de l'événement à sa façon toute personnelle : *« Si quelque chose avait pu donner à la Reine de la consolation en apprenant la mort de ce prince, c'était la manière délicate dont le Premier Consul s'était servi pour lui faire part de l'événement. »* Sans commentaires !

Bref, la mort du duc d'Enghien est presque partout perçue comme une affaire politico-judiciaire normale. Vraiment, personne de bonne foi ne songe à incriminer le Premier Consul, à part ses ennemis jurés, avec une mauvaise foi intarissable. La dernière contrevérité va nous fournir la clé de l'effroyable dénouement de l'affaire.

UN COMPLOT EN A CACHÉ UN AUTRE.

Les vrais responsables de l'exécution sommaire du duc d'Enghien sont à rechercher dans le clan des régicides et aristocrates révolutionnaires, les Fouché et Talleyrand notamment. Depuis l'avènement du Consulat, la perspective d'un retour des Bourbons sur le trône de France hante leurs nuits par l'inéluctable règlement de comptes qu'il impliquerait. Ils sont tourmentés par le souvenir du général anglais Monk. La Révolution française de 1789 présente une analogie avec la Révolution anglaise du milieu du 17ème siècle. Toutes deux sont passées par la condamnation à mort du roi régnant. Vainqueur de la guerre civile anglaise, le général Cromwell proclame la République après la décapitation de Charles 1er en 1649. Après sa mort en 1658, l'anarchie s'installe dans le pays. Son successeur, le général Monk, finit par rétablir sur le trône Charles II Stuart en 1660.

En ce début de l'ère napoléonienne, les Jacobins savent que le prétendant au trône de France, le futur Louis XVIII, fait des offres alléchantes et insistantes au Premier Consul. Ce dernier a beau les rejeter avec mépris, comme on l'a vu plus haut, ils demeurent obsédés par l'éventualité d'un rétablissement de la monarchie par Napoléon. Avec l'affaire du duc d'Enghien, une occasion inespérée se présente à eux de le brouiller irrémédiablement avec les Royalistes. Les régicides et leurs affidés l'exhortent dès le départ à se montrer impitoyable. Ils manifestent un zèle suspect, ainsi qu'en témoigne Napoléon dans le Mémorial de Las Cases : « (...) *Tout avait été prévu d'avance. Les pièces se trouvèrent toutes prêtes, il n'y eut qu'à signer. Et le sort du prince se trouva décidé.* » On sent que Napoléon voudrait s'étendre sur la question. Mais, dans la situation de déporté persécute dans laquelle il se trouve alors, il ne peut se permettre des accusations plus graves sans paraître sacrifier égoïstement ses anciens collaborateurs. Il continue d'assumer la responsabilité de leur forfait. La condamnation à mort ne souffrant aucun doute, il fallait à ces Jacobins intégristes empêcher à tout prix l'éventualité d'une grâce de Napoléon pour le couper définitivement des Royalistes. C'est ici qu'est intervenu, comme on le sait, le misérable Savary, exécuteur des basses œuvres de la clique des régicides et aristocrates révolutionnaires.

On s'est interrogé sur le rôle de Real, dont la présence au procès aurait évité la tragédie. Il semble difficile de croire aux raisons avancées de son absence. Mais, faute de preuves, il n'est pas permis de le soupçonner de complicité avec les comploteurs.

Reste la question centrale. Pourquoi Napoléon ne s'est-il pas désolidarisé officiellement de Savary et de ses commanditaires ? Lorsqu'il apprend la catastrophe de la bouche même de Savary, il comprend aussitôt qu'il vient de tomber dans un piège diabolique tendu par certains de ses proches. Ils l'ont mis devant un terrible fait accompli. Il se trouve confronté à l'effroyable dilemme entre son confort moral et les intérêts supérieurs du pays. Dans ces cas là, il n'a jamais balancé, endossant à plusieurs reprises au cours de sa carrière les fautes de ses subordonnés. En cette circonstance, il s'en épanche en ces termes auprès de son frère Joseph : « *Il faut supporter la responsabilité de l'événement. La rejeter sur d'autres, même avec vérité, ressemblerait trop à une lâcheté pour que je veuille m'en laisser soupçonner* ». Pour limiter les dégâts politiques, le réalisme s'impose. S'il désavoue Savary, on va l'accuser de se défausser lâchement sur un subordonné dévoué, bouc émissaire commode de son « *crime* ». Sa popularité risque de subir un coup fatal. La défiance va s'installer au cœur même du pouvoir, brisant sa cohésion. En ces temps incertains de transition institutionnelle, cette attitude pourrait se révéler plus dévastatrice que le mal pour la pérennité du régime. Au demeurant, rien de tel qu'une bonne épée de Damoclès sur la tête d'un collaborateur compromis pour s'assurer de sa fidélité à toute épreuve, du moins tant que l'on reste en vie. C'est ainsi que le triste Savary a poursuivi une très brillante carrière auprès de l'Empereur, avant de le dénigrer misérablement post-mortem dans ses Mémoires.

Lorsque le vin est tiré, il faut le boire. De tout mal il faut s'efforcer d'en extraire un bien. On a imposé au Premier Consul une rupture sanglante avec la royauté, soit ! Puisqu'elle est irréversible, pourquoi en refuser le profit politique ? Tout le monde sait désormais que la royauté ne sera pas restaurée tant que Napoléon sera au pouvoir. Au moment où se profile déjà la menace d'une invasion militaire, c'est la garantie d'un soutien puissant de tous ceux, très nombreux, qui ont beaucoup à perdre d'une restauration. Les couches populaires les plus humbles ne vont plus ménager leur fidèle soutien à leur « *petit tondu* ». Les bénéficiaires de la vente des biens nationaux sous la Révolution vont cesser de craindre qu'elle ne soit remise en cause. Mais, bien entendu, Napoléon n'a pas été dupe du sale tour qu'on lui a joué. Rappelons-nous ici l'étonnement feint que lui fait exprimer Las Cases à Sainte-Hélène à propos de la retenue des demandes d'audience du duc. Son « *Dieu sait pourquoi !*» est plus éloquent qu'un long discours.

En fait, l'ombre funeste de Talleyrand et Fouché n'a cessé de planer sur toute l'affaire depuis le début. On peut affirmer que ces sinistres personnages ont inauguré à cette occasion leur trahison de Napoléon qui ne fera que s'accentuer au fil du temps. Ajoutons pour finir, qu'à la Restauration, l'ignoble Talleyrand s'est empressé de faire disparaître des archives tous les documents relatifs à l'affaire du duc d'Enghien parce qu'ils pouvaient dévoiler sa turpitude.

Le roi Louis-Philippe non plus n'a pas été dupe. Si Napoléon avait été à ses yeux un criminel couvert de sang royal, eût-il envoyé en 1840 son fils, le prince de Joinville, recueillir en son nom à Sainte-Hélène les restes de l'Empereur ? Eût-il organisé un retour triomphal des cendres digne d'un Dieu ?

Au terme de notre plaidoirie, force est de constater que la présentation *« historiquement correcte »* de l'affaire du duc d'Enghien constitue un monument de désinformation, principalement en France. Les détracteurs inconditionnels de Napoléon en ont fait un cheval de bataille dans l'entreprise de souillure de son image. Mais il s'avère en fin de compte que ce n'est qu'une grossière baudruche, que nous venons aisément de dégonfler.

L'affaire du duc d'Enghien a ainsi valeur générale. Elle illustre éloquemment la grave dérive de l'historiographie napoléonienne. Elle témoigne du culot monstre et de l'impunité parfaite des faussaires appointés de l'histoire. On se prend à rêver d'un hypothétique comité d'éthique comme gardien inflexible du temple sacré de l'Histoire.

Nous terminerons sur une note rassurante pour le renommée de Napoléon. La malveillance poussée jusqu'à l'hystérie finit par se retourner contre ses auteurs tel un boomerang. Elle aboutit à jeter le doute sur toutes les autres assertions malveillantes sur Napoléon. C'est une excellente nouvelle pour ses admirateurs !

L'auteur

Saint-Cyrien de la promotion Maréchal de Lattre (1951-1953), le général Michel Franceschi a achevé sa carrière militaire en 1989 au grade de général de Corps d'Armée, dans les fonctions d'Inspecteur des Troupes de Marine et des Forces Extérieures, lointain successeur de Galliéni et Mangin. Il a servi hors d'Europe durant près de la moitié de sa carrière.

Accompli dans les parachutistes des Troupes de Marine, son cursus professionnel s'est partagé entre les commandements d'unités, l'enseignement militaire et l'exercice de hautes responsabilités opérationnelles.

Au titre de ses commandements d'unités, se détachent celui d'une compagnie de parachutistes en opérations en Algérie et celui du 1er Régiment de Parachutistes d'Infanterie de Marine, unité-phare des Forces Spéciales.

L'enseignement militaire est ponctué par un professorat à Saint-Cyr, les études militaires supérieures à l'École d'État-Major, puis l'École Supérieure de Guerre.

Des fonctions à haute responsabilité, émergent la direction de l'importante Mission Militaire Française au Zaïre (aujourd'hui République Démocratique du Congo) durant trois ans, et le Commandement Supérieur des Forces Armées de Nouvelle Calédonie de 1984 à 1988, au moment des événements qui ont secoué ce territoire

Féru d'Histoire, le général Franceschi a eu tardivement la révélation de celle de Napoléon à l' École Supérieure de Guerre. Depuis lors, il consacre tous ses loisirs à son approfondissement.

En prolongement de ses recherches personnelles, il a exercé durant de longues années les fonctions de « Conseiller Spécial » du président-fondateur à Montréal de la Société Napoléonienne Internationale, Ben Weider, jusqu'au décès de ce dernier en 2008. Il y a tenu sur son site internet la rubrique « Chroniques Napoléoniennes ». Dans ce cadre, ont été édités des livrets, traduits en anglais, espagnol et russe :

- Le 13 Vendémiaire, sacre républicain de Napoléon.
- Bonaparte en Égypte ou la sublime hésitation de l'Histoire.
- Le 18 Brumaire, double sauvetage de la République et de la paix civile.
- L'affaire du duc d'Enghien, une machination contre Napoléon.
- Austerlitz, chef-d'œuvre militaire indépassable.
- Napoléon libérateur châtié des Juifs.

Il a publié en 2007 aux éditions Economica, « Napoléon défenseur immolé de la paix », également édité aux États-Unis, en Russie, en Inde, en Corée du Sud et en Hollande, Cet ouvrage a reçu en 2007 le Prix Las Cases, décerné par l'Institut Napoléonien Mexique-France.

Cette activité littéraire a coexisté avec des contributions à des revues spécialisées et des conférences sur Napoléon en France, Italie, Canada et Israël.

Également témoin de son temps, le général Franceschi a par ailleurs publié deux essais aux éditions Pygmalion-Gérard Watelet .

- En 1998 : « La Démocratie massacrée – Nouvelle Calédonie – Témoignage ».
- En 2001 : « Corse, la voix de la majorité silencieuse ».

Il prépare diverses publications pour la commémoration du bicentenaire de la mort de l'Empereur en 1821.

Table